NÉCROLOGIE

A la Mémoire
de

M. LOUIS BOULÉ

ENTREPRENEUR

Membre du Conseil Municipal

et

Président de la Musique de la Ville

de Douai.

Douai

IMPRIMERIE L. CRÉPIN.

23, rue de la Madeleine, 23.

1883

LES FUNÉRAILLES

(Extrait du journal L'AMI DU PEUPLE.)

Mercredi ont eu lieu dans notre ville les funérailles du regretté Louis Boulé, conseiller municipal de Douai, vice-président de la musique de la ville.

L'affluence était considérable.

Les *Orphéonistes*, bannière en tête, la *Société Chorale*, l'harmonie municipale au grand complet se trouvaient présents. On remarquait également une délégation de la grande *Harmonie de Roubaix*, conduite par son chef M. Victor Delannoy. Les coins du poêle étaient tenus par MM. François-Bertelle, Clavon, Evrard, Saphore, conseillers municipaux, représentant l'assemblée communale, la commission des écoles académiques et la société de secours mutuels; Hector Delahaye, sous-chef de la musique de la ville et Adolphe Détrain, professeur à l'académie de musique.

Deux magnifiques couronnes offertes par l'harmonie municipale à son regretté président et par les ouvriers du chantier de M. Boulé, précédaient le cercueil.

Le deuil était conduit par M. le docteur

Maugin, adjoint au maire, représentant la municipalité et par le fils du défunt.

Le conseil municipal, au grand complet assistait aux obsèques.

M. Vatin, sous-préfet de Douai, empêché par un deuil de famille, s'était fait excuser auprès de Mme Boulé.

Pendant tout le parcours du cortège et durant la cérémonie religieuse, la *Musique de la Ville*, conduite par son vaillant chef, M. Paul Cuelenaere a exécuté d'une façon remarquable plusieurs morceaux funèbres :

Au cimetière où, malgré une pluie battante, l'assistance était toujours considérable, quatre discours ont été prononcés:

Le premier par M. le docteur Maugin, adjoint au maire, au nom de la ville de Douai ; le second par M. François, secrétaire de la *Musique de la Ville*, au nom de cette Société ; le troisième par M. Couvreur, chef d'institution à Gondecourt, au nom des amis du défunt, le dernier par M. Beaumont, contre-maître, au nom des ouvriers de Louis Boulé.

Nous publions ci-dessous ces discours :

Discours de M. Maugin, adjoint au Maire de Douai.

Messieurs,

La mort impitoyable vient de frapper un de nos concitoyens les plus aimés, un de nos collaborateurs les plus dévoués ; les quelques paroles d'adieu que nous lui adressons sur le bord de cette tombe ne sont que l'écho des sentiments unanimes de cette nombreuse assistance, et nous avons la conviction que l'Administration municipale sera ici l'interprète de la population tout entière.

Louis Boulé tenait par les plus fortes racines à ce sol douaisien, à cette ville qu'il affectionnait vivement. Son grand'père avait rempli les fonctions d'Architecte municipal de Douai, son père était le créateur de la maison que dirigeait notre ami il y a peu de jours encore; c'est dans une famille douaisienne qu'il avait choisi la compagne de sa vie. Si Boulé possédait à un haut degré cette vertu qu'on appelle le patriotisme local, il n'avait pas l'esprit assez étroit pour tenir les yeux fixés sur le passé, pour oublier qu'il y a une grande Patrie à côté de la petite et que le libéralisme et le progrès sont nécessaires aux villes comme aux nations. C'est en raison de ces opinions républicaines que le 7 Mai 1871 Boulé fut appelé à faire partie du Conseil municipal; il fallait à cette époque beaucoup de dévouement et peut-être même un peu de courage pour accepter ce mandat,

Depuis douze ans la confiance que ses concitoyens avaient en lui ne s'est pas démentie; car ils savaient qu'ils avaient un représentant d'une grande honnêteté et d'un rare bon sens; ils connaissaient la modération et en même temps la fermeté de ses opinions; ils étaient certains qu'il ne sacrifierait pas le bien public à la poursuite d'une éphémère popularité.

Ai-je besoin de la rappeler au milieu de vous, Messieurs, cette disposition à concilier qui était le caractère même de Boulé ? N'est-ce pas ce caractère qui lui avait conquis tant de sympathies, n'est-ce pas cette qualité précieuse qui, indépendamment de sa compétence spéciale, l'avait désigné à notre choix comme à celui de tous ses camarades pour présider le conseil d'administration de la Musique de la ville.

Depuis le 20 janvier 1873 Boulé remplit ces délicates fonctions avec un tact que nous ne pouvons trop louer, et nous ne pouvons trop le remercier d'avoir consacré une grande partie de son temps à guider, à protéger, à faire croître une des sociétés musicales de qui la ville peut-être fière le plus justement.

Lors de la réorganisation de l'académie de musique le 30 septembre 1870, Louis Boulé était tout désigné pour occuper une des places de commissaire, là encore il prit son rôle au sérieux, là encore il laissera un vide difficile à combler.

Ce n'est pas seulement au profit de l'art que Boulé se dépensait en dévouement. La *Société de Secours Mutuels* dont il était un des administrateurs peut dire ce qu'il y avait de générosité, de pitié et de douceur dans cette âme si paternelle.

Pourquoi faut-il que nous ayons à nous séparer de lui ! Comment cette vie d'homme de bien et de travail s'est elle brisée si vite ! Il n'était pas encore arrivé à cet âge où le repos éternel est pour ainsi dire nécessaire et où la mort semble presque une récompense des labeurs prolongés. Sa famille avait encore besoin de son courage et de son cœur, ses ouvriers reconnaissaient encore en lui un guide autant qu'un maître, c'est-à-dire un patron expérimenté, tout imbu de l'esprit de justice ; la tête n'avait pas défailli, le bras n'était pas devenu débile et voilà qu'au milieu de la carrière une maladie sans pitié atteint, poursuit et terrasse celui de qui l'existence était loin d'être devenue inutile.

En te disant adieu, Louis Boulé, nous te disons aussi combien sont profonds les regrets que ta perte nous cause, mais ton souvenir restera parmi nous et tous, bien souvent, nous te chércherons avec mélancolie à ces places que tu as laissé vides d'un honnête homme.

Dr MAUGIN,
Adjoint au Maire de Douai.

Discours de M. François

Messieurs,

Au nom de la Musique municipale, je viens aujouter quelques mots au discours que vous venez d'entendre.

A tous les titres, Monsieur Louis Boulé était bien des nôtres. Depuis plus de 30 années il n'avait cessé de montrer à la musique de la ville le même dévouement. Exécutant en 1850 chargé ensuite des fonctions de secrétaire-trésorier, président enfin, il avait toujours été le même, prêt à tout, ne reculant devant aucun sacrifice, pourvu que le résultat de ses peines, de ses efforts, fut profitable au corps auquel il était heureux d'appartenir, son temps, son crédit, sa légitime influence, étaient tout acquis à la Musique, et acquis aussi, on peut le dire à tous les musiciens, constamment prêt à rendre service, il trouvait sa récompense, non dans les remerciments, dans la gratitude de ceux qu'il avait obligés — il s'attachait, au contraire, à reporter sur d'autres tout le mérite du service rendu —

mais bien dans le plaisir d'avoir pu se rendre utile, d'avoir accompli, dans la plus large acception du mot, la tâche quelquefois lourde qu'il avait assumée.

Nous déplorons aujourd'hui sa perte ; elle nous paraît presque irréparable. Elle nous semblera plus grande encore, aux jours des difficultés, des découragements même, alors que nous ne le trouverons plus, nous aidant à surmonter les obstacles, ranimant notre courage, nous montrant toujours avec confiance le but que nous devions atteindre. Melun, Cambrai, Roubaix, étaient les premières étapes d'une route, glorieuse peut-être, que nous devions parcourir avec lui. Et de tous nos projets, à la réalisation desquels il eut montré tant d'ardeur, il ne nous reste plus rien, que le souvenir bien cher de celui qui était notre président, notre guide notre ami, et la consolation d'adresser, sur cette tombe qui tout à l'heure va se fermer pour toujours, un suprême et éternel adieu !

Discours de M. Couvreur.

Messieurs,

Devant cette tombe prématurément ouverte, et qui va être fermée pour jamais, je viens rendre un suprême adieu à M. Boulé, à l'ami dont nous déplorons tous la perte irréparable.

Ce que fut l'homme public, des voix plus autorisées que la mienne viennent de vous le rappeler.

Des relations sympathiques et cordiales avec M. Boulé m'ont permis de le connaître d'une manière intime, et d'apprécier ses vertus domestiques.

Il était le chef d'une de ces familles où la sévérité des principes, le dévouement affectueux et délicat, l'exemple du travail intelligent et soutenu font germer l'amour du devoir. Pour lui, la pensée de ce devoir et le besoin de l'accomplir étaient les seules considérations acceptées et suivies. Sa droiture égalait son intelligence. C'était un caractère fortement trempé et remarquablement doux en même temps.

Ne l'avez-vous pas vu souvent, comme moi, ce bon et vénéré père, au visage souriant, au front radieux, entouré de ses jeunes enfants, leur prodiguer les témoignages de la vive tendresse !

Il aimait à se retrouver avec sa famille chérie ; au foyer domestique il prenait un peu de repos, bien mérité d'ailleurs ; il faisait trêve pour quelques instants aux tracas et aux soucis qu'entraîne toujours la gestion des affaires : c'est là qu'il se plaisait, c'est là qu'il goûtait avec délices ces joies intimes, ces plaisirs calmes et purs que bien d'autres peuvent lui envier.

Quel tableau touchant ! quel beau spectacle, que celui dont il m'a été donné d'être maintes fois le témoin privilégié !

Pardonnez-moi, cher ami, si je retrace ainsi mes impressions. J'y puise des motifs de consolation ; je m'efforce d'y trouver un allégement à la douleur qui m'accable.

On peut citer notre regretté défunt comme modèle. Dans les conseils que je donne à ceux qui, pendant quelques années, deviennent mes enfants adoptifs, je me surprends à m'inspirer parfois de son exemple salutaire. C'est lui qui est le véritable maître : je suis son interprète, m'estimant heureux de propager ses nobles qualités et ses précieuses vertus.

Tous ceux qui ont approché M. Boulé reconnaissent son aménité, sa douceur et sa bonté : cette nombreuse assistance en est le témoignage le plus éclatant. Pourquoi la discrétion me ferme-t-elle la bouche ? Pourquoi ne puis-je citer ici les preuves nombreuses de sa libérale générosité ?

Tendre ami, nous garderons fidèlement ces souvenirs : ils perpétueront votre pieuse mémoire parmi nous. — Puissent ils contribuer à adoucir l'amertume des regrets qu'éprouve votre famille éplorée !

Adieu, cher Monsieur Boulé, adieu !

Discours de M. Beaumont.

Messieurs,

Je viens au nom des ouvriers dire quelques mots sur cette tombe avant qu'elle se referme, et dire un éternel adieu à notre bien cher et regretté patron. Je n'essaierai pas de vouloir ici retracer sa vie si bien remplie ; des voix plus autorisées que la mienne viennent de vous le faire.

Je ne veux parler ici que du regretté patron que viennent de perdre en lui les ouvriers.

Depuis 30 ans qu'il m'a été donné de le servir, je n'ai cessé de remarquer sa bonté, toujours prêt à rendre service à tous ceux qui s'approchaient de lui. Je puis affirmer que dans toutes les actions de sa vie si laborieuse il a cherché à assurer le bien-être de ses ouvriers. Ces derniers ont trouvé en lui un père plutôt qu'un maître. C'est un coup bien cruel pour nous que celui qui vient de nous frapper, aussi le deuil est général, et tous, du plus petit au plus grand, regrettent-ils vivement notre cher défunt. C'est une bien douce consolation pour sa famille si cruellement atteinte de voir la sympathie que laisse après celui qui fut Louis Boulé. Quant à nous, cher patron, nous saurons rester fidèles à ceux que vous laissez et, nous en faisons le serment sur votre tombe, notre courage et notre énergie ne faibliront pas ; nous chercherons à continuer les traditions de travail et d'honnêteté de la maison que vous avez toujours si noblement conduite, et nous resterons à l'égard des vôtres ce que nous avons été envers vous.

Adieu ! Cher patron ! Adieu ! Votre mémoire ne s'effacera jamais de nos cœurs, et nous reporterons sur votre digne épouse si éprouvée et sur vos enfants l'attachement que nous avons eu pour vous. Vous nous quittez en ce monde, mais dans l'autre, vous aurez la récompense de vos nombreuses vertus et de vos bonnes actions.

Adieu ! Cher patron !
Adieu ! Louis Boulé ! Adieu !

4645—Douai, imp. L. Crépin.

www.ingramcontent.com/pod-product-compliance
Lightning Source LLC
Chambersburg PA
CBHW061618040426
42450CB00010B/2548